Capa: Óleo s/tela "União"
Artista Plástica: Arlete Mello

Uma 'Rosa Azul' onipresente,
As mãos em um enlace seguro,
Toda esta união se ramifica e cresce.
Brota a árvore em toda sua amplitude.

A 'Rosa Azul' existe na
Imaginação dos poetas,
Na concepção do mundo
Da artista plástica.

Que o simbolismo desta Arte
Possa incentivar o encontro
Da 'Rosa Azul' de cada um.

(As rosas amarelas presentes na capa representam os frutos de nossa União abençoada por Deus, nossos filhos Renato e Simone).

1ª. Edição 1997 – Impresso por Artcolor
2ª. Edição 1999 – Impresso por Artcolor
3ª. Edição 2011 – Impresso por Prol Gráfica

Composto por Nelson Alves de Mello.

nelson.alvesmello@gmail.com

3

Prefácio

Aquela Alegria. Pessoal ! ! !

Este trabalho que você tem em suas mãos, procurará, com um pouco de atrevimento, levar a público, fatos e retratos de 'Minha Vida de Alegrias' e para tanto, serão relatadas cartas, estórias, poemas e bilhetinhos verídicos.

São jóias preciosas de minha vida.

São puras emoções; ora tristes; ora alegres.

Em toda minha vida (até hoje), eu sempre me senti super triste ao ver alguém triste, cabisbaixo ou chorando. Parece que a dor dessa pessoa me atinge como uma flecha pontiaguda na pontinha do coração, principalmente quando se trata de uma criança; aí as lágrimas brotam; é incontrolável. Inconscientemente, talvez, por esta razão, eu sempre tive vontade de ser palhaço.

Não consegui... Virei analista de sistemas.

Hi... Hi... Hi...

Não é fácil sorrir. É preciso o esforço conjunto de 77 músculos da face para que você mostre um simples sorriso.

Minha alegria é ver a ALEGRIA brotar nos rostos das pessoas, especialmente nos rostos das crianças.

Espero que 'Os Porquês de Minha Vida de Alegrias' possa fazer aflorar a descoberta da alegria que existe dentro de cada um de vocês.

Os Porquês de
Minha Vida
de
Alegrias

Nelson Alves de Mello

Título: Os Porquês de Minha Vida de Alegrias

Terceira Edição: 2011

Capa: Óleo sobre tela: União.
Autoria: Arlete Alves de Mello

Mello, Nelson Alves de, 1946
São Paulo – SP

ISBN-978-85-905054-3-3
Editor: Nelson Alves de Mello

1. Cartas românticas 2. Família 3.Poesia

Alphaville – Santana de Parnaíba – SP
nelson.alvesmello@gmail.com
nelsonmelloescritor@blogspot.com
nelsonmellowriter@blogspot.com

Agradecimentos

Agradeço sinceramente aos meus amigos, colegas e parentes que fazem parte da minha vida e possibilitaram a realização deste trabalho.

Em particular, à minha esposa Arlete,
ao meu filho Renato e
à minha filha Simone

que compreendem a minha vida.

Agradeço ainda em especial a Jesus Cristo de Belém de Judá, por ter a felicidade de encontrá-lo, permitindo conhecer a verdade, a paz, o caminho, a sabedoria e a Vida Eterna.

Nelson Alves de Mello

Ideal feminino

Sábado feio, às 8:30 horas.
Este dia, entre vários, foi um dia inesquecível,
maravilhoso, fenomenal.
Sou titio pela primeira vez.
Fui apresentado à mãe de minha colega.
Fiquei encantado com sua presença...
Sinto uma alegria tridimensional que chego até a
chorar e penso...
Será que mereço tanta alegria em minha vida?
Estou chorando; enquanto escrevo, vejo as letras
embaçadas pelas lágrimas.
Eu não quero cartaz, quero apenas deixar lavrado este
acontecimento, pois representa uma força imaterial
(minha) de viver...
Para completar a felicidade, acho que encontrei uma
pessoa que talvez se encaixe no meu ideal feminino.

Seu nome: 'Arlete'.

Será que estou acordado ? ? ?

É muita felicidade...

Uma moça com 20 anos, inteligente, professora,
humana, que é o mais importante.

Chego a pensar em...

"Romeu e Julieta".

Há um grave problema...
Ela é religiosa.
Não sei como resolvê-lo. (23:40 hs.)

Nelson – 08/69

Arlete se tornou minha esposa em 25.03/72 e só veio a
ler esta carta quando este livro estava pronto.

Nelson – 03/95

Z

Nelson,

Esta pequena velinha é
apenas por um mês, mas
O primeiro mês de toda
Uma vida de amor...

**Felicidades
Arlete**

11.11.69

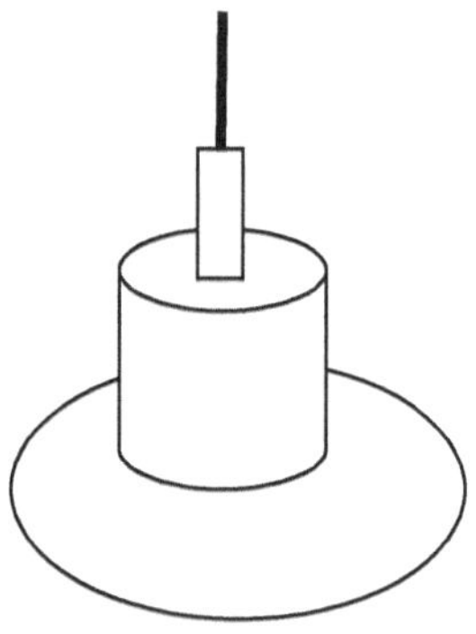

Papagaio, Pipa ou Quadrado?

Cada bairro/região ele tem um nome, mas

O desenho a seguir, feito pela minha então

Futura esposa em 7/70 (eu tinha 24 anos)

Retrata muito bem minha visão de vida...

**Sol
Vento
Liberdade
Tranqüilidade
E muita ALEGRIA de viver.**

Nelson

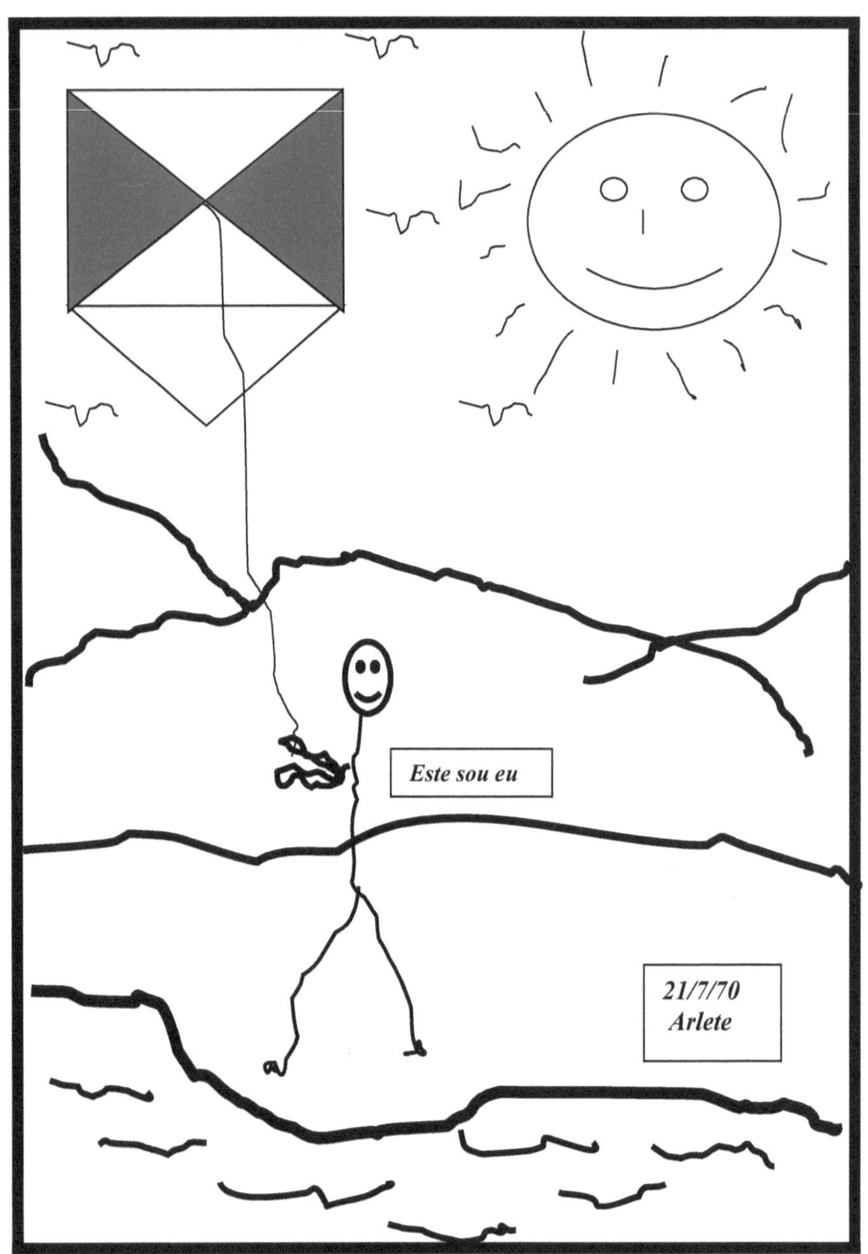

Este sou eu
21/7/70
Arlete

Carta de Amor
(após pequeno entrevero)

Nelson, meu amor.
> (começou bem, não é?)

Saiba que o mais importante é que eu amei você como você era realmente e nunca dei atenção ao que as meninas achavam de você.

O importante também é que eu te amo como você é atualmente.

O importante também é que eu sempre te amarei no futuro como você será (vejam que confiança!), eu lutarei com você (junto com, não contra), seja lá a causa que for eu sempre estarei do seu lado.

...

Desta que tanto o ama e sempre será tua.

**Arlete
07/70**

Brilhe ou não brilhe o sol

I

Brilhe ou não brilhe o sol.
Ande ou não ande ao léu.
Sempre unidos estaremos,
No caminho da Vida Eterna ao céu.

II

Uma rosa morre,
Outra nasce,
Mas a rosa d'alma
Embora morta é sempre viva.

III

Lembrança, saudade, desespero,
Parte d'alma parece esvoaçar.
Deus une, conforta, desperta,
Na Vida Eterna saudade encontrar.

IV

Nesta terra, tudo estranho.
Afobação, violência, ingratidão.
Amor, amor, falsificado,
Falsidade, discórdia, humilhação.

V

O mundo corre sem saber,
Corre, caminho tortuoso,
Não vê a linha de chegada,
Chega, vê. É a largada.

VI

O caminho é visto de esguelha,
Quase ninguém o traz com exatidão.
Vaga, incerto, triste e ofegante,
Não sabe, Deus é o caminho radiante

VII

Brilhe ou não brilhe o sol,
Isto se dá no mundo material,
A quem encontrar o caminho, afinal:

O sol brilhará e brilhará.
A rosa viverá e viverá.
O dia virá e virá.
O mundo sorrirá e sorrirá.
A chegada chegará e chegará.
A humilhação findará e findará.
A violência morrerá e morrerá.
A guerra inexistirá e inexistirá.
O desespero desaparecerá e desaparecerá.

VIII

Com certeza, a vida.
Com certeza, a Vida Eterna.
A Vida Eterna esplendorosa,
Trará com certeza a MORTA ROSA.

Arlete

Neste cartão   =   obra material
Tento transmitir = obra material
Em breves palavras = obra material
Meu amor espiritual = 'obra divina'
À minha breve futura esposa = 'obra divina'

**Nelson, sempre teu
25/12/71**

BOAS FESTAS

Nelson.

Que você continue sendo
Uma luz no mundo, como
Foi Jesus, espalhando a
Alegria e vida verdadeira
Em Cristo.

É o que lhe deseja

Arlete
12/71

A você Arlete,

INSPIRADORA

I

O encontro supremo de nossas almas,
Encheu minha vida num instante,
Não sei se devo bater palmas
Ou se grito esta alegria transbordante.

II

Acho que perdi o juízo,
Chego até a duvidar,
Estou num divino paraíso,
Nunca mais quero acordar.

III

Tal e qual a adormecida,
Desperto e vejo a realidade,
Medito se será merecida
Tão imensa felicidade

IV

Não existe um idioma sequer
Que descreva com real precisão,
O que sinto dentro do peito,
Que palpita meu coração.

V

Libe,   Love,   Amour.
Diz o alemão, o inglês e o francês,
Para nós com melhor compreensão,
É o amor, diz o português.

VI

Lindo, belo e bonito,
Levarei aonde for,
Este sentimento infinito,
Tão supremo, tão superior.

VII

A cada minuto sem cessar,
Há sempre um novo aumento
Não sei mais onde colocar,
Este imenso e sublime sentimento

VIII

Shakespeare escreveu em poesia,
O amor mais puro imaginado,
Todos o sentem uma utopia,
Eu já o sinto realizado.

IX

Sempre sincero é o meu ato,
Sem a menor falsidade,
Mas é, esta singela poesia, de fato,
O símbolo da sinceridade.

X

Com esta quadra vou findar,
Pois não cessaria de escrever,
Se em você eu me inspirar,
Outra quadra logo vai nascer.

Nelson 25/03/72

CURTAS
(não cartas)

Arlete,
> Branca, vermelha ou amarela.
> A rosa tão bela,
> Não é, sem prosa,
> Mais bela que a 'minha rosa'.
> **do teu Nelson**.

Arlete,
> Em qualquer lugar, sempre há dureza,
> Não adianta, a vida é assim.
> No entanto, com alegria ou tristeza,
> Quero você sempre junto a mim.
> **do teu Nelson**.

Arlete,
> O amor é como a prata,
> Quando verdadeira, basta polir para brilhar.
> Que esta lembrança simbolize
> A veracidade de nosso amor.
> **do teu Nelson**.

Arlete,
> Uma frase? Duas frases?
> Várias frases?
> Uma poesia? Uma sinfonia?
> Uma melodia?
> Seja qual forma for,
> O sentido sempre será... 'Amor'
> **do teu Nelson**.

Copacabana, Rio, Brasil – 05/10/74

Oi, Xu Beleza ! ! !

Com sinceridade já tenho saudade. O curso é dia inteiro e haverá hora de máquina à noite.

Só voltarei na sexta feira à noite (bem tarde); o curso termina na sexta e não na quinta.

Espero que com você tudo vá bem.

Espero que você tenha comprado a pia.

Não sei mais o que falar; só sei que te amo e te verei na sexta-feira.

Até. Tchau.

Do teu, sempre teu,

Nelson.

Distância I

Nel, meu amor!
(ela me chama assim, não repare.)

Hoje é dia 8, terça-feira e ao voltar do clube, onde treinei uma hora de tênis, (viu que vida boa eu patrocinei a ela!!!), **encontrei a tua carta embaixo da porta. Parece impossível, mas esta carta me fez sentir que você realmente existe e está, pelo menos em pensamento, perto de mim. Fiquei tão contente que resolvi escrever-te, espero que dê tempo de chegar até onde você está. Sabe, quanto à pia... Blá, blá, blá... Espero que o tempo que falta para a tua volta passe bem rápido e que a tua viagem de regresso seja bem feliz. Muitos beijos e muitos abraços da esposa que te adora.**

Arlete – 74

(Está dando para notar Os Porquês de Minha Vida de Alegrias???)

A ROSA BRANCA

Nestas mãos,
Neste humilde par de mãos.
Mãos calejadas,
Tristes e alegres,
Carrancudas e sorridentes.
Mãos que transportam,
Tantas alegrias e
Tantas tristezas.

    Mãos?
    Que carregas hoje em Dia de Natal?

Presentes e mais presentes.
Presentes a um amigo.
Presente a um irmão.
Presente a um parente.
Presente a um amor.
Presente a um ardor.
Presente.
Está você contente?

    Sim. Alegria neste dia é euforia.
    Sim. Alegria neste dia e tudo enfim.
    Sim. Alegria neste dia é tudo assim.

É. É dia de Natal!
É. É dia. É dia. É dia de Jesus!!!!!

Mãos?
Que carregas hoje em Dia de Natal?

Mãos postas, coladas.
Dirigidas aos céus.
Carregam hoje uma dádiva especial.
O presente dos presentes.

O verdadeiro presente.

Uma rosa branca.

Uma rosa branca.

    Linda.
    Límpida.
    Brilhante.
    Entusiasmante.
    Lacrimejante.
    Invisível.
    Invisível.
    Invisível para muitas almas.

Uma rosa branca.

Para alguém. Para quem??

                                Para alguém. Para quem???

Para alguém que consegue alegrar, quando chora.
Para alguém que consegue amar, quando é odiada.
Para alguém que consegue dar, quando lhe roubam.
Para alguém que consegue unir, quando lhe separam.
Para alguém que consegue ver, com os olhos vendados.
Para alguém que consegue falar com os lábios
cerrados.
Para alguém que consegue transmitir sem nada dizer.
Para alguém que consegue encaminhar...
                             Quando já está perdido.
Para alguém que consegue fazer o bem...
                             Quando lhe fazem o mal.
Para alguém que consegue viver não vivendo.
Para alguém de alma pura e preciosa.
Para alguém de alma limpa como a rosa.
Para alguém de real valor.
Para alguém de verdadeiro amor.

Para alguém que está aqui, não estando.

Esta Rosa Branca foi cultivada para ser oferecida a
alguém que está nos céus com Deus.

Este alguém é...Minha mãe.

(Minha mãe também me trouxe muitas alegrias em minha vida,
embora tenha vivido uma vida muito sofrida devido a erros e
interferências de meu pai.)

Distância II

Oi, Xu.! Tudo bem?

   (agora ela me chama de Xu. Não repare, é abreviatura de chuchu da minha horta).

Recebi agora a pouco o telegrama. Fiquei super contente.

Sabe, ontem quando você saiu, eu chorei, pois estava muito triste. Mas foi um pouquinho só, (ela falou isso só para não me deixar triste; ela realmente me ama e eu a amo mais ainda), pois eu não queria perturbar o Renatinho ou a Stellinha. (ela estava grávida e só faltavam 57 dias para o acontecimento de mais um milagre de Deus; o nascimento de nosso/a primeiro/a filho/a).

Embora continuasse triste, passei um bom dia e também normal. Assisti ao jogo do Brasil, pois imaginei que assim estaria mais ligada a você...

No mais, fiquei totalmente tranqüila. A Stella ou o Renatinho está sendo muito bem cuidada/o.

Estou repleta de saudades de você. Volte logo.

Muitos beijos da tua, sempre tua.

Arlete
1/6/76

Curtíssima

Nelson,

A vida só é bela, quando
Se tem a quem se ama.

Você, com seu amor e devoção,
Faz da minha vida, um mundo
De alegrias e felicidades.

**Tua Xu
10/6/78**

(maravilha, maravilha, maravilha!!!)
(não acha ? ? ?)
(eu acho)

Tua falta me faz falta?

Sim. Tua falta me faz falta:
Logo cedo ao levantar
E a mesa por fazer
E o leite por trazer
E o leite a esquentar
E o pão a ir comprar
E tá... tá... ta...
Mas, logo cedo ao levantar,
Tua falta não me faz tanta falta.

Sim. Tua falta me faz falta:
Logo cedo ao levantar
E a mamadeira a preparar
E com muito tato ele acordar
E a roupa a trocar
E à escola o levar
E tá... tá... tá...
Mas, logo cedo ao levantar,
Tua falta não me faz tanta falta.

Sim. Tua falta me faz falta:
Quando chega para almoçar
E a mesa por fazer
E a comida a preparar
E o suco a espremer
E os pratos a preparar
E tá... tá... tá...
Mas, quando chego para almoçar,
Tua falta não me faz tanta falta.

Sim. Tua falta me faz falta:
        Quando chego para jantar
            E a mesa por fazer
            E a comida a esquentar
            E os pratos a preparar
            E tá... tá... tá...
            E tá... tá... tá...
Mas, quando chego para jantar,
        Tua falta não me faz tanta falta.

Sim. Tua falta me faz falta:
        Quando subo para deitar
            E a cama por fazer
            E o pijama a escolher
            E os travesseiros a pegar
            E os chinelos a encontrar
            E tá... tá... tá...
Mas, quando subo para deitar,
        Tua falta não me faz tanta falta.

Sim. Tua falta me faz falta:
        Quando meio dia chegar
            E o Renato a buscar
            E o almoço a preparar
            E a paciência a transbordar
            E enfim ir nanar
            E tá... tá... tá...
Mas, quando meio dia chegar
        Tua falta não me faz tanta falta.

Sim. Tua falta me faz falta:
        Quando quatro horas chegar
            E o banho preparar
            E a roupa a ensopar

E a toalha a trabalhar
E o sacrifício no vestir
E tá... tá... tá...
Mas, quando quatro horas chegar,
Tua falta não me faz tanta falta.

Sim. Tua falta me faz falta:
Com muita obra por fazer
E o bumbum sempre a limpar
E a roupa a lavar
E a roupa a passar
E a cozinha sempre a lavar
E a sala a varrer
E as camas a fazer
E as compras a buscar
E tá... tá... tá...
Mas, com muita obra por fazer
Tua falta não me faz tanta falta.

Mas, tua falta me faz tanta falta
Quando sigo a trabalhar
E tua boca em minha boca
E o teu sorrir a me sorrir
E teu olhar a me olhar
E teu ouvir a me ouvir
E teu acenar a me acenar
Que me inspira
Que me dá forças
Que me faz suportar
Que me faz lutar

Mas, tua falta me faz tanta falta
Quando 'chega' de trabalhar

E tua boca a me beijar
E os teus lábios a me sorrir
E os teus olhos a me olhar
E os teus ouvidos a me ouvir
E os teus sentidos a me sentir
Que me faz inspirar
Que me faz agigantar
Que me faz realizar
Que me faz suplantar
Sim, tua falta me faz tanta falta.

Mas, tua falta me faz tanta falta
Quando então vou me deitar
E há confiança a se confiar
E há vazio a se ocupar
E há cheio a se esvaziar
E há desejo de se roçar
E há alegria a se espalhar
E há tristeza a se dividir
E há fartura a se consumir
E há pobreza a se remediar
E há doença a se curar
E há fé a se acreditar
E há amor a se amar.

Sim. Tua falta me faz tanta falta

Que Deus nos uma com tal grandeza
Que tua falta não me faça falta.

Nelson

Nossa vida cresce

Nosso amor floresce

Que Deus nos uma

Cada vez mais

Teu, sempre teu
XU

(nascimento de nossa filha Simone)

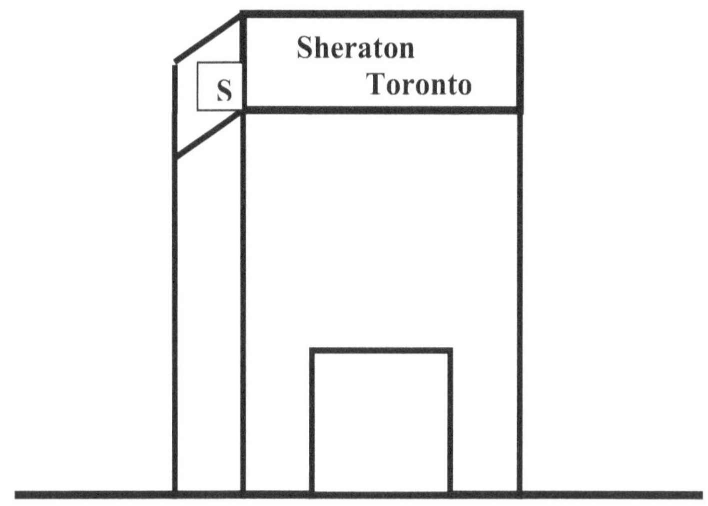

Canadá.

Arlete,

Este é o meu hotel aqui no Canadá.

As plantas não estão verdes. A solidão é catastrófica. Esta viagem já teve uma importância vital. Meu amor por você dobrou. A tua falta é verdadeiramente sentida.

Teu Xu.
Nelson 78

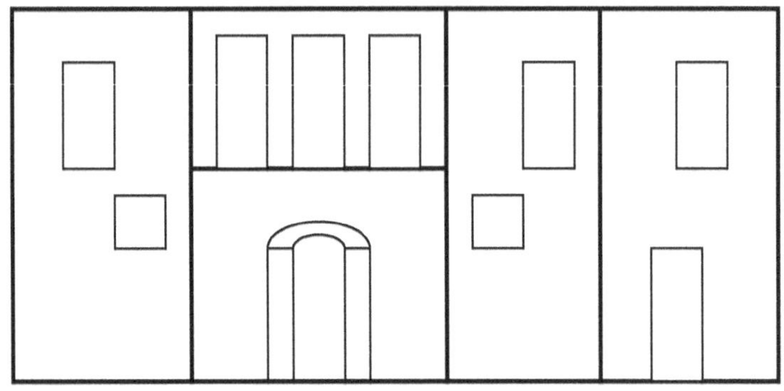

Arlete,

Colombo viveu aí.
Isso na realidade não importa.
Muita coisa pode ser bonita,
No entanto pedra é pedra.
O que realmente importa é o coração.
Uma cidade ou um paraíso
Sem um coração é pura pedra.
O meu coração está aí com você.

Teu Xu
Nelson 79

RESPOSTA

A primeira carta eu não consigo responder.

Do simpósio eu só recebi um livro da República Dominicana, sabonetinhos e caixa de fósforos (tenho várias). Eu comprei (hoje dia 30/4/79) algumas coisas, mas como você sabe que eu gosto de surpresas, lá vai:

Comprei:

Um S_______ de _______ (Arlete)
Uma M___ (nós)
Um T____ (Arlete)
Um C____ de ______ (Simone)
Um B________ (Simone)
Um B________ (Renato)
Uma B_____ (Simone)
1   A___-____ (Simone)
2 cx C_________ (Renato)
1   C_______ (Renato)
1   U______ (Arlete)

Aí vai o quebra cabeça. Tente adivinhar. (você também leitor).

Basicamente aqui eu só trabalho. Quando não vou comer, assistir filme na TV ou simplesmente andar. "o famoso sem destino". (a única forma de acalmar). Quase com certeza vou embora desta droga, 6ª. Feira dia 4/5/79.

Do teu, sempre teu, mais teu
Nelson
30/04/70 18 hs.

P.S. Vou comprar mais.

HOTEL
INTERCONTINENTAL
RIO

XU BELEZA!

Cheguei aqui no Rio com chuva.
Recebi dois brindes jóias.
Vou dar a você. Você vai adorar.
Você merece.
Não vou dizer o que é.
Logicamente vou fazer surpresa como eu fazia antes.
(me lembrei que escrevia cartas para você).

O primeiro é lindo e começa com B _ _ _ _ _.

O segundo é muito útil e começa com M _ _ _ _ _.

Beijos bem dados e bem colocados.

Teu XU
Nelson
28/03/82 18:30 hs.

VOTOS
DE
FELICIDADE

À minha esposa e artista . . .
que trabalha noite e dia
Mas prefere ser turista

    À minha esposa mutante . . .
    Que troca quarto, sala e cozinha
    Tudo, tudo num instante.

        À minha esposa e amante . . .
        Que de dia está triste
        E de noite está radiante.

            À minha esposa e companheira . . .
            que, quer queira ou não queira
            Ter-me-á pela vida inteira.

            Nelson
            31/12/83

No Canadá

Oi. Nelson. (não foi XU, nem Nel. Quando fala Nelson é que está chateada).

Gostaria de ser esta folha para estar em suas mãos e tão próxima poder lhe contar muito mais do que eu consigo aqui escrever.

A falta que você me faz não tem tamanho, não vejo a razão da minha vida nem a de nossos filhos sem você aqui. Não sei, simplesmente não sei viver, nada tem graça e tudo o que faço, onde vou, é procurando não sentir a tua falta e distrair o meu coração oprimido que desde o momento da tua partida, ficou doendo, sem brincadeira; é terrível sentir saudades.

Como eu tenho 'imaginação', eu já previa em parte esta situação e no meu entender, isto é um absurdo, insustentável, jamais acostumarei e aceitarei tal idéia.

Na época eu não sabia, mas hoje, tenho a certeza; NADA e nenhuma vantagem na vida profissional compensa a dor da saudade na vida familiar.

Quero te contar um detalhe, mas não quero que fiques triste e sim contente por saber quanto és amado pelo teu filho. Após o telefonema de domingo, combinei que ele iria dormir sem fazer confusão e ele concordou e quis pegar a tua carteira do clube; quando voltei, ele estava dormindo em nossa cama, onde eu o havia deixado, com a carteirinha caindo da mãozinha dele.

Não é um amor?

Espero em nosso Deus, que tudo dê certo para que eu possa vê-lo novamente o mais breve possível.

Nós o amamos. **Arlete, Renato e Simone**

P.S. Eu não preciso estar longe para saber o quanto te amo.

CURTAS

(não cartas)

Nelson.

Isto é algo bem pequeno, em relação ao muito que você merece. Mas é algo que vai do fundo.

Junto a essas lembranças, vou eu também, com os votos de maior felicidade para fortalecer a correia de "aço" e a muralha que nos separa deste mundo.

Marcio.

Pela luz surge-me a visão.

Do futuro ainda hoje esperança.

De certeza bate meu coração

Confiante do sucesso de nossa aliança.

Um puro e Feliz Natal.

Do amigo que muito lhe quer.

Marcio 12/69

Nel...

Refletir, renovar, renascer

Em cada momento,

Por toda vida

...que os frutos de nossa união

Sejam plantados e colhidos

Para todo o sempre.

Marvi 05/76

(Marcio é meu melhor amigo até hoje. Marvi é Marcio e Vitória sua esposa).

Nelson

Afinal de contas, você não tem sido só um grande cunhado, mas também um Pai . . . aço ou um pai para nós.

Gu e Eliana 02/84

PRAIA GRANDE

É muito triste, quando se vai a Santos, justamente para se distrair e não lembrar muito da tua ausência; o que mais sentimos é a tua falta.

. . . o Renato querendo o parceiro para jogar bola e até me chamou, por engano de "caiecão". (significa carecão).

Depois chamou a Simone de "zoiúda" e disse: É o meu pai Nelson que fala isso.

. . . Não quero nunca sentir a tua falta definitiva; seria triste demais; além de tudo ter que consolar os nossos filhos.

Sempre que possível, não nos deixes nunca mais, a não ser que não queiras estar ao nosso lado.

Arlete
Renato
Simone

(Graças a Deus, até hoje continuamos sempre juntos)

Pai Nel

Quero 1 estilingue

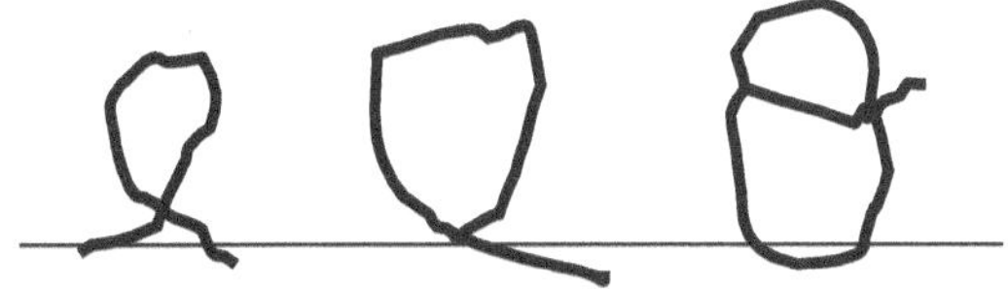

Primeira assinatura do Renato

01/01/82

NA MORADA

Térreo

Alegria o homem busca feito louco
Ninguém a quer somente um pouco
   Na morada há alegria verdadeira
   Na morada a alegria sempre inteira
  Na morada moramos felizes
  Eu, você, os aus, aus e os dois petizes

O homem necessita estar seguro
Para hoje e todo o seu futuro
   Na morada eu sempre sinto segurança
   Na morada eu sempre vejo a esperança
  Na morada estamos felizes
  Eu, você, os aus, aus e os dois petizes

Os problemas todos têm com certeza
Alguns prováveis e outros em surpresa
   Na morada eu sinto amor e devoção
   Na morada eu sempre tenho a solução
  Na morada planejamos felizes
  Eu, você, os aus, aus e os dois petizes.

A felicidade todos querem como direito
Seja escura, branca ou amarela
   Na morada eu a tenho dentro do peito
   Sempre pura, franca e singela
  Na morada realizamos felizes
  Eu, você, os aus, aus e os dois petizes.

Primeiro andar

Na morada, meu amor por ti sopra
Na morada meu amor por ti brota
Na morada eu espero sempre vê-la
Na morada eu espero sempre tê-la.

Na cozinha, na cama ou na tela
No óleo, na colagem ou na aquarela
Cada dia, mais sublime e mais bela

Na morada, na morada, na morada
Com lareira ou com sujeira
Vamos viver juntos a vida inteira.

Nelson
12/6/87

CAFÉ 5 ESTRELAS – 7/5/88

42 anos?! . . . É, a matemática não falha . . .

Porém: Você sempre diz que é quem + gosta de ti
      Mas juntos, nós 3, eu, o Renato e a Simone;
      Com certeza ultrapassamos o PI.

Que Deus te abençoe sempre (+)
Que o seu tempo se (x)
Que você saiba sempre como (/) – lo
E achar o M.D.C.
Para que eu ou nós reclamemos (-)

Parabéns – 7/5/88

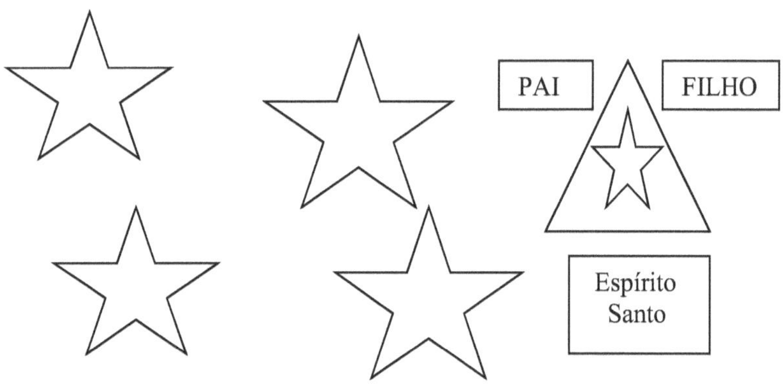

P.S. Quem + o ama e em primeiro lugar, é
      aquele que o criou. "Deus".

À
Rainha da família: Arlete

À minha amada, escrevo mais um pouco
A registrar que lhe tenho tanto amor
Quero afirmar que ainda sou um louco
Pelos teus olhos, pelos teus filhos e teu valor.

És uma artista com qualidade inerente
És dedicada, esforçada e ninguém esquece
Tua obra progride tanto que está quente
A recompensa está longe do que merece

A recompensa verdadeira já a tens
Pois não está na matéria e nos bens;
Está no sorriso, nos olhos e na alegria,
Na felicidade transbordante que contagia
Em todo aquele que tua obra aprecia.

do marido da Arlete
Nelson
24/12/88

O SINAL TOCOU ...

Através das árvores altas e da vegetação densa, há um gramado verde e sadio. Uma vegetação mais alta determinava o fim do gramado.

As nuvens combinavam com o ambiente e o sol batia seus raios firmes na paisagem.

O ambiente era fresco, com árvores de todo o tipo, para propiciar um clima perfeito e saudável.

As pessoas, que passavam na calçada, olhavam como uma pessoa faminta, que vê um sorvete em sua frente.

O que incomodava era o barulho dos automóveis, mas um fundo musical lindo era o cantar alegre dos passarinhos, que às vezes derrubavam algumas folhas, que caíam levemente no chão.

Um dos passarinhos cantou mais alto, outro retrucou e por sua vez o sinal tocou ...

Renato Alves Mello
01/05/89

(mais uma alegria de minha vida de pai)

A MALA

A mala tu querias já faz tempo
A mala, para teres viagens mil
Com sonhos de poderes a qualquer momento
Voares com toda graça por este Brasil.

    A mala te trará maior alcance
    Com sorte, poderá ter um grande lance
    Do Brasil, saltitares para a Europa
    Em outros ares, assistir a próxima copa

Com a mala poderás carregar de tudo
Sobretudo, 'sobrenada', absorvente
Vais fazer aduaneiro ficar mudo
Que se falar, gaguejará: "Vá, vá em frente!!!"

    Amá-la realmente é o importante
    Amá-la é na verdade a intenção
    Amá-la no futuro e no durante
    Amá-la com olhos, semblante e coração

Amá-la é minha tarefa primeira
Amá-la é o que mais quero fazer
Amá-la vou querer minha vida inteira
Amá-la é o que mais me dá prazer

Nelson 23/8/88

45

TAL PAI, TAL FILHO

Nel,

Aqui é o teu filho que escreve.

Nel-o, com este cartão eu quero apagar nossas desavenças, não esquecendo, de acrescentar mais união e felicidade.

Nel-o, obrigado por ser meu pai e ter ao teu lado uma mulher dócil e carinhosa, para completar nossa felicidade e nossa alegria.

Nel-o, até agora Deus nos ajudou e que ele continue dando paciência a você e à mãe.

Este teu novo sapato é para guardar tua gentileza desde o dedo do pé até teu topete renovado.

Renato Alves Mello
12/8/89

Tem futuro. Não tem?

Que maravilha é a vida de criança!

Com poucas pedrinhas, já possui um castelo
Com um chapeuzinho, já está muito mais belo
Com um carrinho, já é o ás do volante
Com uma bola, já tem um pé de gigante.

Que maravilha é a vida de criança!

Com uma areinha, já avista ao longe o mar
Com um barquinho, já vê um navio a navegar
Com um "não", já se vê todo abandonado
Com um carinho, já de novo está amado.

Que maravilha é a vida de criança!
Que maravilha é a vida de criança!
Que maravilha é a vida ...
Que maravilha é ...

Nelson 9/9/89

A DOR

Não sofras, não sofras
Pois tua dor, dói dentro de mim
Teu sofrimento me machuca profundo
Não sofras, não sofras
Pois teu sofrer me é o maior do mundo.

Não chores, não chores
Pois tua lágrima salga minha boca
A tua mágoa me fere agudo
Não chores, não chores
Pois o teu choro me deixa mudo

A vida traz algumas amarguras
Doídas feridas e certas recordações
Pessoas queridas e suas atitudes impuras
São as que mais doem e ferem os corações

Não há de ser nada,
     A não ser mais um fio branquinho
Não há de ser nada,
     A não ser uma ruga a mais
Não há de ser nada,
     A não ser que bem devagarzinho
Não há de ser nada,
     Muita firmeza em busca da Eterna Paz.

Por outro lado,

Deus te deu tanto talento
Tens amor e alegria por inteiro
Tens alguém com a força de um jumento
Sou eu com fé, teu eterno companheiro

Sou simples, mas te amo com muito orgulho
Sou pequeno, mas por ti, sou grande à beça
Sou pouca voz, mas por ti, faço barulho
O meu Amor, por ti, não há quem meça

Não sou alguém que tenha tanto valor
Não sou alguém que seja sempre correto
Mas sou aquele, que lá do fundo do peito
Fala, grita
Não cala, publica
A toda voz, nem um pouco discreta
Tenho a ti o mais sincero respeito
Tenho a ti o mais puro Amor.

Sou alguém que da boca pra fora
Tem muita gala, é muito galante
Tem muita fala, é muito falante
Mas, no fundo, no fundo
Se olharmos o mundo
Eu sou aquele que nunca irá embora
        Deus nos uniu
            Ele sabe o porquê   **Nelson**
        Entre outras mil   **10/10/89**
            Ele me trouxe você

INPIRADURADOURA

Inspiração dura?   Dura.
Dura e doura?   Doura.
Doura e inspira?   Inspira.
Inspira e ação?   Inspiração.
Dura e doura.   Duradoura.
Inspiração duradoura.

Alegre, sorridente e bem vestida,
Cheirosa, respeitosa e descomprometida
Por incrível que pareça
E talvez eu não mereça
Você apareceu em minha vida
E tornou-a muito mais colorida.

Flerte, namoro, noivado
Tudo a seu tempo, programado
Realizamos tudo que é de direito
Sempre com seu devido respeito.

Flores, conselhos e por fim arroz
Vestido branco, grinalda e lindo véu.
E 25 de março de 1972
Casou-nos o Pastor Natanael.

18 anos passados, não esquecidos
18 anos casados, bem vividos
Muitos acertos, alguns enganos
Poucos consertos, muitos planos

Crescei e multiplicai
Você virou Mãe e eu virei Pai.
Menino, Menina, valem mais que o ouro
São na verdade, o nosso tesouro

Dizem que quando o tempo passa
O fogo enfraquece, vira fumaça
Mas por incrível que pareça
E talvez eu não mereça
A fagulha que ilumina a nossa vida
Está por demais, aquecida
Faz com que meu coração
Bata muito mais forte que o trovão
Por você, que é o meu calor
Por você, a quem dedico imenso Amor.

Será que valeu a pena?
Será que é preciso meditar?
De imediato respondo em poema,
Solto a voz a todo povo
Que com todo o dom de amar
Faria tudo, tudo de novo.

Nelson
25/03/90

EM TRES PALAVRAS

*(1ª.letra) **E**u queria ser bem sucinto*
*(2ª.letra) n**u**m instante dizer-te tudo*

Em três palavras provar-te que não minto

*(3ª.letra) em **t**rês palavras transmitir-te o que sinto*
*(4ª.letra) mas **e**ntretanto, eu sou um tanto cabeçudo*

Muito topete embora nada cabeludo

*(5ª.letra) fiz um**a** trama que traz no bojo, escondido*
*(6ª.letra) mensage**m** curta mas que tem muito sentido*
*(7ª.letra) é uma pr**o**va de quanto sou feliz e comprometido*

Nelson 90

MEU DIA

Pai, pessoa que sempre gostei,
Pai, pessoa que nunca deixei,
Pai, pessoa que sempre amei,
Pai, pessoa que nunca esquecerei.

Pode ser,
Magro ou barrigudo,
Careca ou cabeludo.

Só por ser meu pai,
Vale mais que tudo,
Só por ser meu pai,
Vale mais que todo o mundo.

Parabéns pelo teu dia

12/08/90
Renatinho

MAIORIDADE

Arlete Alves de Mello.
Após muitos acertos e enganos,
Na busca do que é mais belo,
Vamos completar 18 anos.

Te amo, na alegria e na tristeza,
Na feiúra e na beleza.
És por mim, eternamente querida,
Testemunho verdadeiro na

Palavra da V ida

Nelson
25/03/90

NATAMÍLIA

Boa noite, boa noite, boa noite.
Por favor, um pouquinho da tua atenção.
Aqui vai uma mensagem da nossa direção.
Será sincera e talvez um pouco divertida,
Principalmente se você apreciou a bebida.
Não esperamos gargalhada geral
E muito menos risada formal.
Largue a faca, o garfo e a colher,
Suspenda até o romance com tua mulher.
Largue a mão, deixe esse copinho,
Segure firme tua garrafa de vinho.

Mas antes de mensagem de esperança
Não podia faltar o alerta de segurança,
Se uma emergência por acaso aparecer,
Não se aflija e nem tente correr,
Pois está tudo bem cuidado e muito legal.
Aqui nós temos desde soldado a general.

Este texto que vocês vão ouvir,
Não devem a outros, repetir,
Não é de responsabilidade de ninguém,
Reproduzi-lo é algo que não convém.
Foi redigido por um grande amigo nosso,
Se perguntarem o nome, eu digo: não posso.
Qualquer má interpretação ou semelhança
É pura ilusão ou 'ignorança'.

Para aquele mais desavisado,
Que nem pelo 'profs' foi informado.
Eu sou o conhecido "azeviche",
Que dança desde valsa a maxixe,
A suportar essa turma exigente,
Que quer tudo, tudo 'pra de repente'.
Atende tudo bem rapidinho,
Desde elevador a mamão com limãozinho.
Atende tudo que é pedido,
De heliporto a mictório entupido.

Boa noite, boa noite, boa noite.
Eu sou o grande e formoso "colorado",
Extremamente inteligente e engraçado.
Atendo muita gente importante,
Ministros e ministra elegante.
Sou aquele a quem se diz: 'é gente fina',
Conhecido em quase toda esquina,
Até por Collor, Brizola e Erundina.
Sou esperto, perspicaz e muito matreiro,
Pois quando o governo guardou do povo o dinheiro,
Fui eu quem o sacou primeiro.

Boa noite, boa noite, boa noite.
De norte a sul, super respeitado.
Eu sou "Cairo", o peso pesado,
Mas estou sempre, sempre na estica,
Pierre Cardin, seda pura e luva de pelica.
Cuido do segmento manufatureiro,
Que produz, produz o dia inteiro.
Produziu, fabricou
E comigo a negociação,
De salsinha a sabão e de parafuso a hidroavião.
O sucesso acompanha minha frota,

Não importa quão tamanha seja a quota,
Pela enésima vez, nós vamos chegar lá,
Nem que tenhamos que sacar com uma pá.

Boa noite, boa noite, boa noite.
Eu sou "Kung Fu", o chegado recém,
De longe, muito longe, lá do além,
Tão pouco tempo e já está tudo no prato,
Muita alegria, companhia e muito contrato.
Cuido da chamada indústria financeira,
Que solta o dinheiro através de uma peneira,
Mas espera lá: "me dizem alguns curiosos"
Fiquem tranqüilos e muito esperançosos,
Vocês também têm a indústria de serviço,
Fomos atrás, mas seu dinheiro deu sumiço.
Não sei se chegou ao fim
Ou se foi comido por cupim,
Mas com certeza,
Desta vez, não foi o Delfim.

Boa noite, boa noite, boa noite.
Eu sou "engomado", o corintiano, 'o do povo'.
Sem revide, sem engano, o cliente novo,
Em minha mesa, a remessa do progresso,
Com certeza, a promessa do sucesso.
Sou aquele da equipe dos falcões,
Gente de fibra para quem não há senões.
Gente que enfrenta o trabalho mais duro,
Com a recompensa de ter visão do futuro.
Eu sou aquele que vai com toda raça,
Buscar negócio lá no meio da massa,
Se duvidar, eu faço vir no braço,
se escapar, eu logo lanço o laço.
Leão amansado eu transfiro para

"colorado", "Cairo" ou "Kung Fu"
E o que recebo???
Nem eles sabem, nem eu e nem tu.

De apresentação acho que já foi suficiente,
Vamos ao fato do porquê de tanta gente
Um ano mais que se completa com bravura,
Tão difícil e de tão ampla envergadura,
Apesar disto, vamos todos prá cabeça,
Não há aqui, nem mesmo um, que não mereça.
É uma alegria podermos todos aqui estar.
É como estarmos estendendo o próprio lar.
Temos cônjuges, acompanhantes e namoradas,
Temos solteiros, pretendentes e compromissadas,
A todos eles agradecemos de coração,
Pois foram eles que seguraram este rojão,
Pois foram eles que acalmaram a nossa fera,
Se assim não fora, muito coração já era.

Queremos agradecer em avant-première,
Ao centro de tecnologia de software,
Ao pessoal e ao 'C.E.',
Que não deixaram ninguém a pé
E também ao DI e a Administração
Que por sua vez, não deixaram ninguém na mão
E por último ao nosso querido 'DPFS'
Que tanto fez que ninguém esquece.

Tudo isso está sensacional,
Não há nada a se falar de mal,
Mas, um fato não pode passar em branco,

De que embora sejamos quatro setores,
Cada um com seus próprios senhores,
Podemos dizer em tom sincero e franco
Que predominou o sentido de cooperação
Com espírito de equipe e com extrema união.

A tradição deste jantar com a família,
Faz nos sorrir, nos faz sentir felicidade.
Faz-nos querer mantermos cá em vigília,
Pois a família é o pilar da sociedade.
Devemos todos nos lembrar que nesta data,
Comemora-se muito mais que ouro e prata,
Pois nesta vida muito antes que dinheiro,
Há o aconchego de um amigo verdadeiro,
Há o chamego de um feminino toque,
Que nos leva sempre firme a reboque,
Que nos inspira e assegura a esperança,
Que nos transforma na mais pura criança,
Que eternamente faz-nos ver que nesta vida,
Além do agasalho, da casa e da comida,
Há um sentido, pleno e de valor,
Grande, imenso, enorme e superior.
É o mais sublime,
É o mais supremo,
Sentido do A M O R.

Se não nos enganamos, muita garganta já arde,
Propomos então com um grande alarde,
Um brinde a mil gargantas,

Para que após festas tantas,
Esta nunca seja esquecida,
Pois, foi muito, muito merecida.

Vamos lá, pegue o seu copinho,
Com cuidado, encha com o saboroso vinho
E vamos todos nós,
A uma só voz,
Esquecendo de todo o mal,
Desejar a todos um
Felicíssimo N A T A L.

Nelson 25/12/90

(Comentários: você deve ter entendido que esta poesia foi encomendada a mim para a festa de natal da empresa que dediquei 22 anos de minha vida de alegrias).

CONFLITO HÁ!

Na vida há muita coisa entristecida.
Na vida há muita coisa engraçada.
Na alegria não se vê muita acolhida.
Na seriedade se vê muita palhaçada.

    Há quem reclame do governo, sem respeito.
    Há quem aplauda o projeto que carece.
    No esquecimento, por si próprio foi eleito.
    Na verdade, será que mais se merece?

Há quem reclame do trabalho ordinário.
Patrão fuinha não aumenta o seu salário,
Enquanto outros, desempregados à luta, vão,
No desespero em busca do ganha-pão.

    Há quem reclame do almoço sem salada.
    Há quem reclame da sobremesa sem segredo,
    Não vê aquele que tem que comer nada,
    Que quando come, só tem mesmo arroz azedo.

Há quem reclame da limpeza da piscina
Que falta espaço na casa onde habita,
Não nota aqueles que se amontoam na esquina,
O sogro, a sogra, a filharada e a cabrita.

    Há quem reclame dos filhos, vida dura.
    Há quem se inflame com a bagunça infantil,
    Não vê a alegria verdadeira e pura,
    Inerente e entusiasmante na vida pueril.

Da própria mãe, filhos exigem sacrifício.
Casa, comida, silêncio e liberdade,
Esquecem que em seu próprio benefício,
Daria os olhos em prol de sua felicidade.

Dinheiro, consertos, coisas mais e atenção.
Há quem exija do próprio pai resfolegado,
Não vê que muitos dariam a sua própria mão,
Em troca de um paizinho mesmo roto e rasgado.

Casa, roupa, sustento e alimento.
Há quem receba tudo de mão beijada,
Mas é uma pena que em nenhum momento,
Diga ao menos: Eu agradeço, muito obrigado.

Vai muito mal e não tem administração.
É o que muitos falam da sua própria Igreja.
Esquecem que é local de fé, amor e compreensão,
Em outras palavras, cospem na própria mesa.

Conflito há, conflitos sempre haverão.
Aflito há, aflitos sempre haverão.
Fica a dúvida que caminho a seguir
Para poder melhorar o existir.

É preciso desfrutar cada momento
Viver, viver, viver sempre emocionado,
Se enlevar com o mais simples sentimento,
Com a mente e o coração sempre embalado.

Desfrutar a força da natureza prodigiosa.
Ouvir o canto do pássaro liberto.
Sentir a sombra da árvore frondosa,
Ser sempre gentil, bondoso e coração aberto.

Sorrir como a criança com um presente.
Bater palmas, pular, ao nascer do lindo dente.
Sonhar, lindos sonhos de um futuro imaginado.
Sonhar, sempre sonhar que está sendo realizado.

Viver o instante como se fosse o derradeiro.
Não perder tempo, ser logo o primeiro.
Dar o exemplo, mostrar ao mundo sem calor
Pois o que importa nesta vida é o A M O R.

Falei . . .

Dia – Mês – Hora – Ano – Vida – Instante
Dos Namorados

Pensando um pouco em namorado,
Fico um pouco envergonhado.
Logo aflora em minha mente,
Tudo muito de repente.

      Ah! Por que será?
      Que nesta terra tão enorme e grata.
      Esta sociedade tão disforme e chata.
      Precisa sempre de estampa e data,
      Para usufruir de coisa tanta e nata,
      Que num piscar de olhos desata
      A brindar o ser piscante
      Com o real necessário num instante.
      Ah! Por que será?

Pensando um pouco em presente,
Não fico lá muito sorridente,
Logo aflora em minha mente,
Tudo muito de repente.

      Ah! Por que será?
      Que pessoas de diversas raças,
      Que vivem em diferentes praças.
      Sisudas, alegres ou sem graça
      Amem a água, o fogo ou a fumaça.
      Necessitem como prova do afeto,
      O concreto, o valioso, o objeto ...
      Seja ele, charmoso ou indiscreto,
      Seja ele, sincero, falso ou interesseiro,
      Como real prova do seu amor verdadeiro.

Ah! Por que será?

Pensando um pouco em comemoração.
Fico um tanto sem jeito e sem emoçâo,
Logo aflora em minha mente,
Tudo muito de repente.

    Ah! Por que será?
    Que o ser humano assim e a si intitulado.
    Deixa o Reino Animal totalmente de lado,
    Se diz inteligente, culto e esperto,
    Com seu ato decente, de vulto e sempre certo.
    Necessite como prova de alegria.
    Um dia. O dia. O especial dia ...
    Com gravata, smoking ou fantasia,
    Enquanto o animal, burro e inocente,
    Ri, pula, dança tudo de repente,
    Pela água, pela bóia, seja fria ou quente.
    Ah! Por que será?

Pensando um pouco em A M O R.
Sinto intenso e agradável calor.
Logo aflora em minha mente,
Tudo muito de repente.

    Ah! Por que será?
    Que o povo ao sentir o AMOR,
    Sofre, cora, exala calor
    Treme, palpita, se comprime em dor.
    Medita, respira, pensa em flor.
    Duvida, não acredita, impossibilita.
    Não sabe se chora, cala ou grita.
    Torna sua vida estranhamente aflita.
    Transforma-a num eterno mistério.

Calcula se tudo é mesmo a sério.
Confunde distância com ganância.
Ainda mais, companheirismo com egoísmo.
Pensa que vive num perene sofrimento.
Conclui que não sossega nem um só momento.
 Ah! Por que será?

Que é tão simples ser complicado
E tão complicado ser simples.

Amar é olhar os olhos com o brilho maior.
Amar é desfazer a trama inteiramente de cor.
Amar é tocar fundo sem ao menos relar.
Amar é ver as estrelas brilharem ao luar.
Amar é sentir calor quando o frio prevalece.
Amar é incluir outrem em sua própria prece.
Amar é oferecer o melhor ao ente querido.
Amar é poder abraçar o abraço amigo.
Amar é poder confiar o segredo mais duro.
Amar é dar sem ressalvas o néctar mais puro.
Amar é sofrer a um canto ao menor desencanto.
Amar é cantarolar em conjunto um doce acalanto.
Amar é olhar seus olhinhos num brilho eterno.
Amar é aquecer a mãozinha nos caminhos da vida.

Amar é ter a certeza de:

Se ao redor se implanta o inferno,
O derradeiro abraço é o refúgio eterno.

FIO DE CABELO

Ontem, perdi mais um fio de cabelo.
Para quem tem tão poucos como eu,
... ... DOEU

Contudo,
A estética não ficou mais abalada,
O couro cabeludo nem sentiu nada,
... ... DOEU

Em realidade a raiz era comprida,
Ia além do crânio e seu cérebro,
Onde se guarda a memória ferida,
... ... DOEU

Em realidade a raiz era bem elástica,
Ia além dos olhos que tudo vê
E registra a cena em imagem fotográfica,
... ... DOEU

Em realidade a raiz era exagerada,
Ia além da perigosa boca,
Que se abre e não diz coisa pouca,
... ... DOEU

Em realidade a raiz atingia o esquerdo do tórax,
Nascia dentro do palpitante coração,
Aderia firme e forte no amor e na emoção,
... ... DOEU

Doeu lá no fundo, bem no fundo,
Onde se guarda a jóia preferida,
De mais valor que tudo no mundo,
... ... DOEU

Jóia há vários anos,
Gerada, burilada, protegida,
Lapidada, querida, preferida,
... ... DOEU

A jóia revelou certas arestas,
Uma rusga, uma contrária faísca,
Uma briga, uma atitude arisca,
... ... DOEU

Voz estridente, algazarra e confusão,
Ranger de dentes, marra e emoção,
O motivo, neste momento, não importa não,
... ... DOEU

Não faz mal, tudo se ajeita,
O amor sempre me prevalece,
Um tiquinho de tempo e tudo se esquece,
... ... DOEU

Com certeza, prevaleceu a compreensão,
Eu aprendi, ela aprendeu, nos entendemos,
Eu cresci, ela cresceu, nós crescemos,
... ... VALEU

Para o seu bem e o seu futuro brilhante,
Serei o careca mais feliz e elegante.
Estou sempre pronto a doar o que preciso for,
Pois para ela o que mais tenho é puro amor,
... ... VALEU.

(esta poesia é dedicada à minha campeã e maravilhosa filha
Simone Alves de Mello)

Nelson 8/5/92

ESTORINHAS INFANTIS

Título: **O CÉU**   (1986)
Personagens: **Nelson e Simone (8 anos)**

Eu falei: Olha o balão lá no céu!

A Simoninha, olhando para o balão, pergunta:

Lá já é o céu?

Eu a pego, tiro do chão, levanto ao alto e digo:

Pronto, você já está no céu.

(Ela não pára mais de rir . . . e eu também . . .)

Título: **O CADERNO de MÚSICA**   (1983)
Personagens: **Nelson e Renato (5 anos)**

O Renato vem até mim e diz:

Pai. Quando você morrer, você me dá esse caderno de músicas do Roberto Carlos?

(Já imaginou se o RC souber disto?)

Título: **O CURATIVO**   **(1986)**
Personagem: **Nelson, Arlete e Simone (8 anos)**

A Simone tinha um machucado no braço e eu queria colocar mercúrio cromo. Aí ela, com medo, diz:

Dói muito?

Eu então digo que tenho uma técnica muito boa para não doer. Tiro meu sapato, fico de meia e piso no seu pezinho enquanto vou passando o mercúrio e digo:

Doeu?

E ela:

Não doeu nada.

No dia seguinte a Arlete queria por mercúrio no braço dela novamente e ela diz:

Não, mãe. Deixa que o pai coloca. Ele tem uma técnica que funciona mesmo.

(divertido, não é?)

Título: **O VIRUS** (1984)
Personagens: **Nelson, Arlete e Simone (6 anos)**

Simone estava com muita dor de barriga. Estávamos na cozinha conversando sobre a causa das dores e falei:

Deve ser um vírus qualquer.

Aí a Arlete falou:

Como fica?

Respondi:

Ah! Não se preocupe, morre sozinho.

A Simone, sentadinha no colo da mãe, ao ouvir isso, logo falou:

Eu não quero morrer, não.

Respondi mais que depressa:

Ah! **Fique tranqüila. Quem vai morrer é o bichinho.**

E o sorriso se abriu no rostinho dela . . .

MAIS AINDA ESTORINHAS INFANTIS

Título: **A ATLETA** (1984)
Personagens: **Nelson e Simone (6 anos)**

A Simone foi a uma competição de ginástica olímpica no Ibirapuera e conseguiu tirar nota 8 na barra, 10 no solo e 9 no cavalo.
Quando terminou, apareceu toda sorridente com um copão de refrigerante.
Perguntei:

Também queremos refrigerante.

Ela, imediatamente respondeu:

Atleta é que ganha, oras! ! !

Título: **A 1ª. PAQUERA** (1984)
Personagens: **Nelson e Renato (8 anos)**

Renato ao chegar à escola falou **'OI'** para uma menininha, piscou o olho direito para mim e fez o sinal de positivo com a mão direita.

73

MAIS AINDA ESTORINHAS INFANTIS

Título: **VAI VER ...**   (1980)
Personagens: **Nelson e Simone (3 anos)**

Simone vinha descendo a escada para irmos à escola. Eu, apressado, falei para ela ir direto para o carro e ela então, pára na escada e diz:

Vai ver se eu estou lá na rua!

Título: **EU NÃO ACHO**   (1980)
Personagens: **Nelson e Renato (4 anos)**

Eu estava dizendo à Arlete que eu falava muita coisa errada em Inglês. O Renato me perguntou:

Você diz que fala errado?

Sim.

Respondi. E Ele prontamente:

Eu não acho.

ÚLTIMAS ESTORINHAS INFANTIS

Título: **VAI ME SUJAR** (1980)
Personagens: **Nelson e Renato (4 anos)**

Estávamos projetando o filme super-8 e falei ao Renato:

Olha lá na barriga da mamãe está o Renato.

E ele respondeu de pronto:

Vai me sujar todo.

Título: **UM DENTE SÓ** (1980)
Personagens: **Nelson e Renato (4 anos)**

Fomos ao aniversário do Marcio, filho dos nossos amigos Stella e Waldemar e o Renato viu uma senhora que tinha um dente só.
Quando chegamos em casa e fomos escovar os dentes, ele pediu explicação sobre a mulher de um dente só. Então eu lhe disse:

Acho que ela não escovava os dentes.

Ele então responde:

Acho que ela escovava um dente só.

SERÁ QUE JÁ CRESCERAM?

Natal.
Dia no nascimento de Jesus.
Dia de troca de presentes.

Duas crianças. Duas lindas crianças assim definem seus pais corujas. Uma delas, a "rainha da beleza", uma garotinha de 5 anos, moreninha com três dentinhos quebrados. A outra, o "rei da confusão", um garotão de 7 anos com um dente grandão em contraste com os dentinhos de leite. Duas crianças, dois presentes.

A surpresa total.
Um Natal vivo. Dois presentes vivos. Um lindo casal de 'Boxers'. O cachorrinho tigrado e a cachorrinha 'Bayot'. Que lindinhos! ! ! Que nome vamos dar? E na confusão e euforia ficaram: Tufão e Tosca.

Que lindos presentes. Que brinquedões inquebráveis e ainda por cima amigos!

Depois de muita briga, foram todos dormir.

Pela manhã, pai e mãe ouvem as crianças acordarem e conversam entre si:

Renato! Diz a Simone.

Vamos descer e ver o tamanho deles.

Será que já cresceram?????

MEU MELHOR SOBRO e
MINHA MELHOR SOBRA

Parabéns ! ! !
Só parabéns ! ! !
35 anos de vida já se deve comemorar com muito entusiasmo. Hoje não estamos falando em 35 anos de vida, mas sim:
    Em 35 anos de vida em conjunto,
    Em 35 anos de casamento,
    Em 35 anos de vida em comum,
    Em 35 anos de vida juntos para o que der e vier.
Fora os anos de flerte, de bailes, de namora e noivado.

Só vocês sabem exatamente tudo o que se passou nestes 35 anos . . .
    Muita luta e muita fibra,
    Muita noite mal dormida,
    Muita alegria e muita tristeza,
    Muita dúvida e muita certeza,
    Muita saúde e muita doença,
    Muita cura e muita crença.

Com certeza, com muita certeza, valeu a pena . . .
    Dois filhos, um casado e um quase,
    Duas filhas, uma solteira e duas casadas,
    Um genro e um ex-genro,
    Uma nora e uma quase,
    Dois netos e três netas; uma quase pronta para o primeiro bisneto.

Com certeza, com muita certeza, valeu a pena.

Uma linda pensão com um montão de feios
pensionistas.
Uma quase agência de automóveis,
Uma quase fábrica de arte em garrafas,
Uma quase empresa de mudanças,
Uma alta conta em poupanças,
Uma linda coleção de bíblias,
Uma fé que une e remove montanhas,
Uma fiel influência no caminho de Cristo.

Com certeza, com muita certeza, valeu a pena.
Muito importante: vocês têm uma disposição de deixar
qualquer um com alegria e entusiasmo.

Por isso tudo e mais alguma coisa ...

Hoje, não lhe damos só parabéns ...

Nós estamos lhe dando uma grande parte de nosso
amor e do nosso coração e dizemos com aquela
disposição:

DEUS VOS ABENÇOE

CARTA DESPEDIDA

Aos
Representantes de Negócios,
Analistas de Sistemas,
Gerentes de Suporte,
Gerentes de Negócios e
Profissionais de Marketing.

Esta, provavelmente será a minha última carta como funcionário desta companhia.

Estou partindo para ?!? (veja abaixo) logicamente foi super legal trabalhar com todos vocês, mas ... a Vida continua ...

Para que vocês não me esqueçam e eu não me esqueça de vocês, estarei em múltiplas atividades e espero contar com vocês para aumentar MINHA ALEGRIA.

1 - ICN – Nelsinho's Consultoria e Informática
2 - Galerie de Arte Arlete Mello
3 - Caramello's Artwear
4 - RAP – Renato Alves Produções Musicais
5 - CEL – Literatura Evangélica ConVida

Finalmente quero deixar a vocês uma reflexão sobre o futuro (muitos dos novos perguntam a este velho).

Quando ingressei nesta empresa em 1971, tinha a intenção de trabalhar apenas 4 anos, mas, apesar disso, no dia 12/4/93 completei 22 anos.

Afirmo e tenho a certeza que esta empresa é a melhor empresa para você aprender, trabalhar e dedicar-se.

Tenho também a certeza que a companhia irá ter um Estrondoso Sucesso com seus novos produtos e novas estratégias, pois está sintonizando-se e sincronizando-se com as novas necessidades e tendências de mercado. Eu apenas recomendaria a você que é 'NOVO':

Não pense que já sabe tudo, mesmo que alguém tenha te falado (não acredite); tenha consciência que o conhecimento é fundamental e tem como pré-requisito o ESTUDO, o TRABALHO, o TEMPO, a EXPERIÊNCIA PRÁTICA e a DEDICAÇÃO.

Chega. . . Valeu a pena. Apareça.

AQUELA ALEGRIA!!!

Nelson Alves de Mello
03/03/1993

CARTA DESPEDIDA: RESPOSTAS

Nelson,

Foi a carta mais bacana que recebi nos últimos tempos. Muito sucesso a você em suas antigas e novas atividades. Um forte abraço.

Mauro (Manaus)

Nelsinho,

Bem aventurado o homem que não anda segundo o conselho dos ímpios . . .

. . . e tudo quanto fizer, prosperarei.

Obrigado pelas palavras amigas e pelas brincadeiras durante este tempo. Deus te abençoe ricamente.

Débora (Rio de Janeiro)

Nelsinho,

Espero que surjam mais outros Nelsinhos na empresa para podermos realizar o que você está prevendo. Eu desejo muito sucesso e agradeço toda a ajuda que você como profissional e técnico me prestou. Abração.

Ladislau (Rio de Janeiro)

Nelsinho,

Apesar do pouco tempo que tenho nesta empresa, eu aprendi a admirá-lo e respeitá-lo. Sua 'Carta Despedida' expressa exatamente o que gostaria de dizer daqui a 20 anos. Sua mensagem de otimismo é uma lição para os que ficam e para os que vão. Desejo a você todo sucesso neste novo caminho. Até.

Luiz (São Paulo)

CARTA DESPEDIDA: MAIS RESPOSTAS

Grande Nelsinho,

Tu foste grande até na despedida. Muita sorte e felicidades para você e toda família.

Armando (Rio de Janeiro

Nelsinho,

Não te conheço pessoalmente, o que é uma pena. Mas tenha certeza, vou rezar por você para que tenhas muita sorte. Afinal de contas, pessoas como você, com esse senso grande de família merece tudo de bom. Vá em frente e mais uma vez. Muuuuuuuuuiiiiiiiitttttooooooo BOA SORTE. 1 grande e forte abraço.

Alice (Rio de Janeiro)

Olá Nelsinho,

Desejo a você muito sucesso na nova atividade e espero que você continue com toda essa energia que sempre nos demonstrou. Tenho certeza que você nos fará muita falta. Pode continuar contando com a fábrica Sumaré. Um abraço.

Luciano (Sumaré)

Grande Nelsinho,

Muito obrigado por tudo e boa sorte nesta nova etapa de vida. Além de saudades você estará deixando para os que tiveram o prazer de trabalhar com você, um grande exemplo de dedicação, competência e, é claro, Alegria. Abraços.

André (Manaus)

CARTA DESPEDIDA: AINDA MAIS RESPOSTAS

Nelsinho,

Fiquei triste quando soube que você ia sair, mas fiquei feliz por perceber pelo tom de tua carta, que você está indo cheio de gás para uma nova fase da tua vida. Um forte abraço.

Marilene (Niterói)

Caro Nelson,

Desejo-lhe do fundo do coração, todo o sucesso nas tuas novas atividades. Eu não conheço ninguém em informática e marketing com tantas e tão valiosas características como você. É chutar e correr para abraçar. Gostaria muito de continuar saboreando a cultura que você nos passa. Um grande abraço.

Robison (Rio de Janeiro)

Nelsinho,

Recebi tua última carta muito bacana . . . te desejo exatamente o que você espera. Felicidades e sucesso! Foi uma experiência maravilhosa ter convivido com você todos estes anos e espero que tua alegria continue contagiando outras plagas.

Darci (Belo Horizonte)

Nelsinho,

Você realmente é uótimo!!! Essa Alegria contagia a todos . . . Quem pensa que você vai ficar na folga ta enganado . . . não preciso nem desejar 'Aquela Alegria' para você porque já dá para perceber que ela está presente.

Regina (São Paulo)

CARTA DESPEDIDA: MAIS AINDA . . .

Nelsinho,

Muitas felicidades e sucesso em tua nova fase de vida. É muito incentivo encontrar uma pessoa que conseguiu manter o equilíbrio entre sua vida profissional e as outras atividades, muito importante para a nossa sobrevivência como ser humano. Você realmente tem muito talento e com certeza terá muito sucesso nesta tua nova fase; a mensagem foi recebida: Dedicação eé o caminho.

Gallis (São Paulo)

Nelsinho,

Parabéns por conseguir que a gente pare no meio de tanta coisa a fazer; leia toda a tua carta e ainda fique triste pela tua saída. Aceite os mais sinceros desejos de que você continue tendo o sucesso, o respeito e a admiração que você sempre teve nesta companhia; mesmo dos mais novos. Um abração.

Marcelo (Florianópolis)

Nelsinho,

Você é uma pessoa incrível, vai fazer uma falta muito grande. Desejo que você continue com a paz e sabedoria de Cristo que sempre conduziu a vida.

Jane (Santa Catarina)

Emocionante demais em minha Vida de Alegrias. Chega NE.
Nelson.

FLOR da JUVENTUDE

Simone,
Minha preferida filha.
Ontem, dia 28/set/1996
Eu sonhei.
Era quinta-feira e eu sonhei.
Era quinta-feira e eu sonhei com você.
Eu sonhei e chorei.
Isso mesmo.
Chorei mesmo.
Chorei por você.
Chorei por causa de você.
Lógico eu, embora você não saiba,
Não é a primeira vez que isto acontece,
Algumas delas, a gente se lembra
E outras delas, a gente se esquece.
Muitas delas ficam na memória,
Vão fazer parte da minha história.
Vão constar de meu livro da vida,
Vão provar o quanto você é querida.
Vão provar o quanto você é preferida.

No sonho eu estava numa escadaria,
Pra cima e pra baixo
Eu subia e descia.
Ansioso esperando não sabia o quê.
Só mais tarde descobri,
Que eu esperava você.
De repente lá no alto daquela escada,
Chegou um carro do qual não lembro nada,

Só me lembro que no banco traseiro,
Estava você, toda, toda enfeitada.
Deu pra te ver de perfil pela janela,
Deu pra notar o quanto você é bela,
Deu pra lembrar o tanto que eu te quero,
Deu pra pensar em tudo que eu espero,
Que você tenha em sua vida preciosa,
Que desabroche como uma perfeita rosa.

Mas, eu chorei ao pensar em seus 18 anos,
Minha Rainha da Beleza na Flor da Juventude,
Idade onde na verdade predominam os enganos.
Eu já antevendo a queda de muitos planos.
Preocupado com a situação naquele momento,
Ver minha fila tão novinha,
Em tão importante evento.
Em meu sonho . . .
Em meu sonho eu tive um grave engano,
Eu pensava que toda aquela festa,
Era para comemorar seu casamento.

Ufa! Ufa!
De repente, num instante eu acordei,
Abri os olhos e a cabeça, chacoalhei,
Vi onde estava e o que acontecia,
Acreditem ou não,
Eu chorei de alegria,
Um choro alegre e muito elegante,
Um choro que me levou a ser galante,
Por ser o Pai,
De tal filha, tão importante.

Imaginei toda a festa e comemoração,
Fiquei radiante e disparou meu coração,
Lembrei-me dela tão bonita e graciosa,
Tão exigente e firme em seu pedido,
Mas mesmo assim não fiquei,
Nem um pouco triste,
Estava alegre, muito alegre e muito afoito,
Por saber que festejava os seus dezoito.

Ela é jóia preciosa para a família.
Ela é legal e muito boa companhia.
É inteligente até mais do que eu queria.
É competente, muito prática e objetiva.
Seu grande forte é ser extremamente ativa.

Ela tem os olhos lindos e reluzentes,
Sobrancelhas bem definidas e aparentes.
O narizinho, um tanto quanto comportado,
Bem fininho, pequenino e delicado,
Se descuidar, ou maltratar, fica de lado.

O seu sorriso tira qualquer um do sério.
Seu coração, sua intenção não traz mistério.
O seu semblante exala um ar muito seguro,
tem um problema. . .
É sua orelha . . .
Tem muito furo.

Na verdade ela me dá trabalho de montão,
Mas mesmo assim, afirmo com satisfação,
essa menina realmente vale ouro.
Sou muito feliz, ela é o meu tesouro.
Mais importante do que tudo que apresento,
Muito mais forte do que qualquer argumento.

É a decisão que ela já fez pra toda vida.
É a decisão que só tem entrada. É sem saída.

É a decisão ao mais puro e verdadeiro amor.
É a decisão por Jesus Cristo o único Salvador.

Pai Nel

SWAT 25 ANOS

Há 25 anos, atrás.
Nós não estávamos lá,
Pois, não tínhamos o prazer de ser apresentados.
Mas temos a convicção,
Que vocês eram um só coração,
Um era do outro a alegria,
Um era do outro a companhia.

O Waldemar escolheu a Stella,
Dentre muitas, a mais bela.
A Stella não se deu por vencida
E o Waldemar foi sua jóia preferida.

Hoje vocês confirmam que valeu . . .
Parece aquela história de Julieta e do Romeu.

Desejamos a vocês mais 25 anos
E muitas felicidades em seus planos.

Parabéns pelas Bodas de Prata.

Nelson e Arlete

(SWAT – Stella Maris/ Waldemar Azambuja Tiagão)

Eu (visto por Ele)

97

POSTFACIO

Ainda não estou velho (50), mas ando
chorando à toa. Bem, não à toa. Trata-se
das jóias da minha vida e das pedras preciosas
que apareceram nela. São preciosidades. Por isso
não me envergonho de dizer que choro e que
meu cabelo se arrepia todo.

Espero que você tenha gostado.
Recomende a seus amigos e inimigos
pois a ALEGRIA é para todos
e você terá chance
de fazer mais outro
Amigo.

Aguarde, pois tenho muito mais para o próximo.
Minha vida de Alegrias foi muito, muito melhorada com
o meu Novo Nascimento. Explico no próximo. Mas para
os mais afoitos, basta você organizar uma festa e me
convidar para que possa contar ao vivo e a cores algumas
estórias com detalhes omitidos (fiquei com vergonha) e
narrar outros fatos em avant-première.
Por agora é só.
Aquela Alegria.

Nelsinho

SOBRE o AUTOR
(por ele mesmo)

Nelson Alves de Mello, economista, administrador, especialista em marketing, consultor em treinamento de vendas, administrador e escritor.

Baterista, tenista, ciclista e nadador.

Estudou 'clássico' no Firmino de Proença, época em que o governo brasileiro era conceituado em educação e foi lá que aprendeu português, literatura e latim.

Sempre gostou das letras e nunca deixou de registrá-las, toda vez que algo ou alguém tocasse ou ferisse seus sentimentos.

Escreveu 'Os Porquês de Minha Vida de Alegrias' e 'Alegrias de um Escritor sem Fama – (ainda)', contendo poesias apaixonantes e pequenas estórias infantis, sempre com o sentimento mais puro possível e um humor especial e inconfundível.

O autor prepara com muito afinco e expectativa, seu primeiro Romance: 'O Menino Esperança'. (já editado em 2010).

Aguarde e não perca nenhuma de suas obras.

Nelson, o autor

PI ... COTADO

Este espaço é para você me escrever dizendo sua opinião: o que mais gostou, o que menos gostou, sugestões, críticas, etc.
ou
Envie e-mail para:

Os Porquês de Minha Vida de Alegrias

O amor verdadeiro é desejado por muitos, porém... poucos o sabem realmente construir.

Esta história é um sonho realizado.

A união com dedicação, carinho, sinceridade e pensamentos voltados para Deus.
É inspiração.
É sonho.
É realidade.
É profundeza de sentimentos.
É aliança.
É união total.
É enfim o AMOR!

Retratada em verso e prosa, onde bilhetinhos, cartas, poemas, poesias e emoções nos fazem rir, chorar e se emocionar.

O verdadeiro AMOR em FAMÍLIA.

Nelson Alves de Mello

ISBN 978-85-905054-3-3

ISBN 978-85-905054-3-3

9 788590 505433